Lisa-Marie Ihrke

Wo Schatten Wurzeln schlagen

Lyrik

© 2025 Lisa-Marie Ihrke
Verlag: BoD · Books on Demand GmbH,
In de Tarpen 42, 22848 Norderstedt, bod@bod.de
Druck: Libri Plureos GmbH, Friedensallee 273,
22763 Hamburg
ISBN: 978-3-7693-5602-1

Auflösen von Identität

Hier bin ich - ertrinke in dem schwarzen Wasser.

Noch dunkler als die Nacht und ich spüre mich selbst nicht mehr,

nur noch das Spigelbild,dass in der trüben Oberfläche verzerrt.

So hat es sich angefühlt,als ich dort stand,wie mitten im Nichts -

umgeben von Blicken die mich zerschneiden wie Messer.

Sie lachen,tuscheln und zeigen mit ihren Fingern auf mich.

Sie erfreuen sich daran,wie ich zerfließe.

Ihre Augen sind Spiegel der Verachtung,welche mich durchdringen -

Jede ihrer Handlungen und Bewegungen sind ein weiterer Tropfer,welcher

das Wasser um mich herum weiter ansteigen lassen,

bis ich bald gar keinen Boden mehr unter den Füßen habe.

Ich wollte nie hier sein,

wollte mich nie so fühlen.

Dieses Gefühl von Scham und Angst lähmt mich,

meine Identität löst sich auf,wie Tinte die in Wasser zerläuft,sich weiter

verteilt und ins Nichts verschwindet.

Kann mich nicht wehren oder dagegen ankämpfen,ich habe keine Kraft mehr dazu.

Die Welt um mich wird immer blasser und ich weiß nicht,

ob ich noch Ich bin,oder doch nur das Abbild meiner eigenen Verzweiflung.

Mein Körper löst sich auf und ich höre auf zu existieren,wenn sie mich beobachten.

Die Freude in ihren Augen,wenn sie mich mit Blicken entblößen,

zerfrisst mich.

Keine Flucht,keine Rettung -

Ich bin verloren und meine eigene Unsichtbarkeit

wird alles sein, was ich jemals war.

Aushungern

Ich kenne nur Hunger.
Nicht den,der vergeht,
wenn man ihn füttert,
sondern der -
der wächst,wenn man ihn stillt.
Ich habe mich selbst gefressen,
bis nur noch Knochen übrig waren
und selbst die hätte ich gern`noch geschluckt.
Kenne nur den Hunger nach Schmerz,
nach Kälte,nach eben allem,
was zerstört.
Sanftheit fühlt sich an wie ertrinken,
Stille wie Vakuum,in dem ich mich
selbst nicht mehr hören kann.

Ich habe so oft versucht,mich
zu retten,zu oft versucht,mich zu
reparieren,aber ich bin aus
Bruchstücken gemacht -
und jeder Versuch macht die Risse tiefer.

Also höre ich auf zu kämpfen.
Lasse mich von der Strömung mitreißen,
lasse mich zerfallen -
in all`das, was mich so leicht gemacht hat.
Denn wenn nichts mehr brennt,
was hält mich dann wach?

Besser

Ich dachte,es wird besser.

Doch die Tage brechen wie Glas.

Ein Schritt nach vorn´ und zwei zurück

und der Boden unter mir;

Risse,die schreien.

Ich sammle Scherben,schneide mich an Erinnerungen,

die ich nie behalten wollte.

Es ist still-zu still,um nicht laut zu werden.

Die Nächte fressen sich durch Gedanken,

und je länger ich sitze,desto tiefer graben die Schatten.

Ich habe hände voller Staub,doch nichts,dass hält.

Alles wieder aufbauen -

allein´,

wieder.

Und die Zeit schiebt mich vorwärts,

aber mein Herz mich zurück.

Ich sitze fest und jede Stunde schmeckt bitterer.

Vielleicht heilt nichts -

vielleicht überlebt man nur.

der Gewinn

Ein paar Schatten tanzen im Nebel.

Verloren im Rythmus eines verlorenen Herzens.

Jeder Schlag - ein Echo der Vergangenheit,

die nicht stirbt,nur langsam vor sich her verrottet.

Die Wahrnehmung ist ein Fluch,

denn sie zeigt dir genau das,was du nie sehen wolltest.

Ein Schuss,genau in die Dunkelheit

und trifft mitten ins Herz.

Welchen Gewinn hat das Leiden?

Es nährt sich von der Pflege alter Wunden -

streng verurteilt von der Jury,die irgendwo

stumm und unwissend ihr Urteil fällt -

ohne Gnade.

Fühlst du es?

Nicht die Kälte,sondern das dumpfe Pochen - wie dein Herz,

längst begraben,

noch immer so laut schreit.

Denn alles ist ersetzbar -

außer der tiefen Wahrheit in dir!

Der Schatten des Alleinseins

Es ist ein Gefühl,
dass wie kalte Finsternis in mir wächst.
Schwerer als jeder Stein,der je auf meiner
Brust lag.
Ich bin nicht nur allein`-
ich bin verlassen.

Verlassen in einem Raum,
der so leer ist,dass selbst
der Atem stockt.
Die Stille um mich herum ist lauter
als jeder Schrei,der in mir hallt.
In dieser Finsternis gibt es keine Umrisse,
keine Hand die mir versichert,dass ich
noch nicht ganz verloren bin.

Stattdessen bin ich gefangen in einem
tiefen,dunklen Loch,
dass immer tiefer und enger wird,
solange -
bis ich mich selbst nicht mehr hören kann,
weil es mich erdrückt.

Hier gibt's kein Licht,
nur Schmerz und Verlassenheit.

Der Weg

Er zieht auf in mir,
der leise Sturm.
Zwischen Hoffnung und Zweifeln schwebt
mein wirbelnder Traum.
Die Luft schmeckt nach Morgen,
nach Neubeginn -
doch zittern die Hände,
wo führt das eigentlich hin?
Die Ruhe ist fremd,ein neuer Ort
und ich frage mich ständig;
wie lange schon fort?

Warum fühlt sich Frieden eigentlich wie warten
an?
Als käme der Schatten wieder,
sobald er kann?
Ein Schimmern von Glück -
und gleich die Gefahr;
dass alles zerfällt,
was gerade eben noch war.

Auf und ab -
und eigentlich ein Ziel in Sicht,
nur Fragen im Dunkeln,
die flüstern: „verzicht?"

Doch irgendwo klingt ein sanftes Lied,
das leise verspricht,

dass die Angst bald entflieht.
Und vielleicht ist das Schwanken
der Weg und nicht das Ziel

und jedes Gefühl,
ist ein Teil von diesem Spiel.

Die Spitze des Eisbergs

Eigentlich ist alles gut.

An der Spitze des Eisbergs scheint die Sonne -

Ich lächle,bin freundlich und stets bemüht.

Stets bemüht bloss keine Angriffsfläche für Vorurteile zu bieten.

Das innere Chaos bleibt im Verborgenen.

Das ich jedes Gespräch,jeden Gesichtsausdruck

und jede kleinste Veränderung im Tonfall

tausend Mal in meinem Kopf durch-analysiere

und überinterpretiere,sieht man nicht.

Das ich jede harmlose und nette Bemerkung so lange zerdenke,

bis sie nicht mehr nett und harmlos ist

und ich danach drohe im Selbsthass zu versinken,

kriegt niemand mit.

Das ich furchtbare Angst habe,entweder zu viel oder zu wenig

und nicht gut genug zu sein -

und ständig nach Hinweisen suche,die diese Angst nur bestätigen,

merkt man mir nicht an.

Manchmal merke ich es ja selbst nicht mehr.

Das ständige analysieren und das alles,sind so still geworden

und am Ende des Tages frage ich mich dann,woher diese

unerträgliche innere Anspannung kommt,

das ich am liebsten schreien möchte.

Denn eigentlich ist ja alles gut.

An der Spitze des Eisbergs scheint die Sonne

und solange ich lächle und nicke und "normal" erscheine,

wird mir nichts passieren.

Unter der Oberfläche des Eisbergs,kämpfe ich jedoch mit meinen Dämonen

und versuche mir einzureden,dass nicht alles was mein Kopf mir erzählen möchte,

auch wahr ist.

Mitzubekommen,dass man sich in alten Mustern und Glaubenssätzen verliert,

ist hart und der Weg dort wieder raus,fast noch härter.

Nur weil man diese täglichen Kämpfe nicht immer sieht,bedeutet das nicht,

dass sie weniger real oder schmerzhaft sind.

Ja,es gibt leider Schubladen mit Vorurteilen und an der Spitze des Eisbergs

ist eben oft nur Platz für Sonnenschein -

aber das bedeutet nicht,dass man sich nicht selbst wertschätzen und sich jeden Schritt
nach vorne hoch anrechnen darf.

Jeder sollte selbst entscheiden,wie viel er unter der Oberfläsche leistet und wie stark er
ist,auch dann,

wenn scheinbar alles gut ist.

Denn man heilt auch dann,wenn es niemand mitbekommt.

Die Stimmen

Ich wuchs auf in Schatten die
flüstern leise;
ein Echo von Worten,kalt und voll
Kreise.
Sie sagten mir: „du bist nicht genug.“
Und jede dieser Silben
hat so tief geschnitten.

Ich hab`die Urteile getragen,
so schwer auf meinen Schultern.
Sie brannten in mir,
machten mich frei. -
Frei von Glauben an mich,
von Hoffnung und von Licht,
bis ich selbst nicht mehr wusste,
wer da eigentlich spricht.

Ich wurde zu den Stimmen,
zerrissen im Sein.
Ein Spiegel in Splittern -
allein`.
Der Himmel erschien mir so weit weg
und so grau -
Und Leben,ein Raum,
viel zu eng und viel zu rau.

Doch manchmal da flackert ein
kleiner Funken,
doch ein Hauch von Erinnerungen

zieht mich wieder zurück.
Ein Herz,das noch schlägt,
ein leiser Ton,der sagt:
„Du bist mehr als ihr Schatten!"

Ich suche nach Wegen,nach Worten,
nach Klang,
nach Liebe,die heilt
und Hoffnung die singt.

Und auch wenn die Stimmen
mich noch immer halten in Ketten,
werde ich Stück für Stück lernen,
mich selbst zu retten!

Die Tiefe

Es fühlt sich an,
als würden wir an einem Ufer stehen,
mit den Füßen schon im Wasser,aber niemand
traut sich den ersten Schritt in die Tiefe zu wagen.

Ich mag die Stille zwischen uns,
dieses Unausgesprochene -
das trotzdem so viel sagt.
Aber manchmal frage ich mich,
ob ich zu viel hineinlege -
in die Blicke die sich kreuzen.

Ich will nichts überstürzen,
keine Grenzen sprengen,keine Worte erzwingen,
die du vielleicht noch nicht einmal fühlen kannst.

Aber ich möchte,
dass du weißt; das hier etwas Echtes ist -
auch wenn es noch keine Form hat.
Manchmal bin ich unsicher,ob ich
zu viel fühle,
oder zu wenig sage -
ob ich warte,oder mich verlier`.

Aber wenn ich an dich denke,
hoffe ich,dass wir beide eines Tages
bereit sind,tiefer zu gehen -
wenn die Zeit es zulässt.

Du bist

Du bist der Sturm,der Ruhe atmet.
Ein Hafen,den mein Herz nicht kennt.
Ich treibe hin und her,
verloren -
doch ziehst du mich ans Land,
verbennt`s .
Du hälst die Schatten in den Händen,
als wären sie aus Gold gemacht.

Ich schwanke zwischen Wunsch und
Wunden,
gebannt von dem,was du hast entfacht.

Zu nah`,zu weit -
ich kann nicht greifen,was zwischen
uns im Dunkeln schwebt.
Ein Seil das reißt,ein Netz
das hält -
ein Traum der zitternd überlebt.

Ich falle,flüchte,
kehre wieder,
wie das Wasser,
das am Ufer bricht -

und frage mich,
ob ich dich rette -
oder doch du mich.

Du kannst

Wenn es einen Menschen in deinem Leben gibt,

der dir sehr viel bedeutet

und wenn du diesem Menschen alles gesagt hast,

dein Herz geschenkt hast,wie noch nie Jemandem zuvor

und sich dieser Mensch aber nicht für die Liebe entscheidet,

nicht Euch betreffend entscheidet und ganz ebenso nicht

seinem eigenen Leben entsprechend entscheidet,

dann kannst du wähleen.

Du kannst -

weiter auf die Person schauen,

Urteilen,leiden,jammern,kämpfen.

Du kannst warten und versuchen zu halten,

dich klein zu machen,dich zu vergleichen

und versuchen zu retten.

Oder;

du lässt los.

Du lässt los und nimmst an.

Du nimmst an,was du fühst.

Denn das ist das Einzige,worum es geht.

Es geht nicht darum,was jemand dir getan hat -

sondern darum,was du fühlst,

durch das,was jemand tut.

Du und Ich

Es gibt Dinge,
die man nicht erklären kann.
Wie zwei Leben sich kreuzen,
ohne das es Zufall sein kann.

Wie ein Blick mehr sagt,als Worte
und schweigen manchmal lauter als jede Stimme.

Ich weiß nicht,was das hier ist -
aber ich weiß,dass es was Echtes ist.
Dass da etwas zwischen uns fließt,
das sich nicht erklären lässt,
aber fühlen.

Etwas,dass in meinen Gedanken bleibt,
auch wenn wir uns nicht sehen.
Ich sehe Dinge in dir,die du vielleicht
selbst nicht siehst -
Tiefe,die du versteckst,
Gefühle,die du nicht aussprichst.

Und ich wünschte,du könntest dich durch
meine Augen sehen,
nur für einen kleinen Moment -
damit du verstehst,
wie sehr du leuchtest!

Ich bin vorsichtig,weil ich gelernt habe,
dass fast nichts für immer bleibt.

Aber du sollst wissen;
Ich bin hier!

Nicht für einen Moment -
nicht für ein Spiel,
sondern weil ich es ernst meine.
Weil du mir mehr bedeutest,als meine
Worte im Moment ausdrücken können,
weil ich es selbst kaum greifen kann.

Und wenn du mich lässt,
bleibe ich.

Eine Sekunde

Eine Sekunde hat es gedauert,
um mein Kartenhaus einstürzen zu lassen.
Ein Blick,ein falsches Wort und die aufgetürmten
Karten liegen am Boden.
Eine Sekunde,
vielleicht sogar zwei.
Zwei,damit der Wind vorüberzieht
und meine Karten mit sich nimmt.

Zwei Sekunde,vielleicht sogar drei.
Drei,damit du die Chance hast,
deinen Fußabdruck zu hinterlassen.
Drei Sekunden im Vergleich zu mehreren Stunden.
Mehrere Stunden,die es braucht,
die Karten zu sammeln,
mehrere Wochen,sie nach Mustern und Zahlen
zu sortieren,
mehrere Monate,um das Kartenhaus zu errichten
und mehrere Jahre,
bis es steht.

Ja,glaube mir -
es steht,doch mit jeden weiteren
drei Sekunden verliert das Kartenhaus an Karten.
Karten,die verhindern,dass es größer wird.

Drei Sekunden.
Doch drei davon -
sind drei zu viel.

Ende

Es hat irgendwann mal ganz leise angefangen -

das Flüstern,dass nur ich hören kann.

Die Stimmen,die mir sagen,dass ich doch endlich verschwinden soll

und dass es doch einfacher wär´.

Sie sagten,nichts hat wirklich einen Sinn -

dass niemand wartet und keine hand mich hält,

wenn ich falle.

Und ich glaubte den Stimmen,

jedes Wort,jede Lüge,

die sich so wahr angehört hat,weil ich´s schon wieder viel zu

oft gehört habe,dass es irgendwann zu meiner eigenen Stimme wurde.

Ich habe die Nächte gezählt,

in denen die Dunkelheit Türen öffnete,die sorthin führen,

wo nur die Stille wohnt.

Zählte auch die Narben,die mir sagten,

dass ich ja wenigstens das noch spüren kann,

wo doch alles andere schon so taub ist.

Allerdings gibt es dann irgendwo versteckt auch noch meine eigene

Stimme -

Noch viel zu schwach,dass ich sie immernoch überhöre.

Sie flüstert nicht,schreit nicht - atmet nur

und sagt:"Du willst gar nicht sterben. Du willst nur das es aufhört!"

Und vielleicht,nur vielleicht,

gibt es einen Weg,bei dem ich nicht sterben muss,

um Heilung und Ruhe zu finden.

Vielleicht gibt es einen Morgen,der nicht nur das Ende einer Nacht bedeutet,

in der ich wieder einmal mit meinem Leben gekämpft habe.

Vielleicht gibt es mich -

auch wenn ich denke,dass ich mich längst verloren habe.

Erschöpft

Die Erschöpfung schleicht sich nicht von heute auf morgen an.

Sie beginnt in den Momenten,

in denen man sich selbst sagen muss,

dass man weitermachen soll.

In Augenblicken,in denen man erkennt,dass

das was man gibt,niemals genug sein wird und

in den Nächten,in denen man dann feststellt,

man sich im Kreis dreht,mit dem Wissen,

dass nicht alle es schaffen werden,

sich zu retten.

Am Ende bleibt dann das Gefühl von Einsamkeit -

weil die Worte,die man sagen müsste,

der Mund nicht mehr schafft auszusprechen.

Es tut mir leid

Es tut mir leid,dass die Schatten zurück gekommen sind,

wie Geister aus längst vergangener Zeit.

Ich wollte stark sein,wollte mich halten,doch mein Schmerz

rüstet sich selbst auf,wird lauter,schwerer

und bricht aus mir heraus.

Es tut mir leid,dass du das ertragen musstest,

dass mein Sturm dein Herz berührt hat.

Ich wollte dich schützen - doch statt Mauern

baute ich Risse und die haben dich erreicht.

Das Schlimmste,was hätte passieren können,

ist genau das -

dass Du schweigst,dass du gehst.

Dass wir auseinanderdriften,

wie Boote im Nebel.

Und es tut weh,mehr als Worte sagen können.

Mehr als jedes Leid,jedes andere Leid,

dass ich kenne.

Weil du wichtig bist.

Weil du alles bist,was Halt gibt,wenn die Welt schwankt.

Es tut mir leid,für jedes Wort,dass zu viel war.

Für alles,was ich nicht zurückhalten konnte.

Bitte verzeih´mir.

Geben/Nehmen

Ich gebe und gebe,
die Hand stets weit,
doch immer bleibt sie leer -
voller Einsamkeit.

Für dich würde ich fliegen,
den Himmel erklimmen,
doch bei mir bleibt der Regen,
die Wolken und die Stimmen.
Ich halte die Last,obwohl sie zerbricht,
weil niemand zu hören scheint,
was in mir spricht.

Und wenn ich selbst falle,
wer reicht mir dann die Hand?
Oder bleibt es mein Schmerz,der
dann im Wind verweht?

Jede Freude verfliegt,die Hoffnung
verglimmt,denn immer gebe ich
und nehm`nie etwas zurück.
Träume von Nähe und von einem geteilten Raum -
doch in dieser Freundschaft bleibt das mein
eigener Traum.

Ich bin die,die jetzt aufhört zu fragen;
nach mehr -
weil niemand sieht,was hinter der Fassade steckt.

Ich bleibe stumm,in der Stille gefangen,
während ich mich frage;
warum ich noch immer auf etwas warte.

Gefangen

Ich fand dich dort,
wo Stille atmet,
ein Echo in der Dunkelheit.
Du hieltest mich als ich zerfiel,
gabst mir ein Stück Unendlichkeit.

Doch deine Hände wiegen schwer -
zu sicher,dass es Angst
mir macht.
Ich taumle zwischen Halt und
Schrecken,
spüre mein Herz,
das dennoch nach dir wacht.

Du bist das Licht,
das Schatten wirft,
ein Spiegel meiner tiefsten Zeit.

Ich such`mich selbst
in deinen Blicken -
so nah`,
dass ich zur Flucht bereit.

Doch bleibe ich,mein Herz vernarbt,
gebannt von dem,
was du erzählst.
Ein Gleichgewicht aus Angst
und Sehnsucht,
dass Feuer,das mich nicht verlässt.

Hilferuf

Es beginnt oft mit einem leisen Ruf,

kaum hörbar,fast ein Flüstern.

Ein leises "Mir gehts nicht gut,"

welches in der Hektik schnell mal untergeht.

Ein Satz,der leicht überhört wird,

weil er nicht laut genug ist,um Aufmerksamkeit

zu verlangen -

aber tief genug,um im Dunkeln nachzuhallen.

Ein Hilferuf ist selten laut.

Er tarnt sich in alltäglichen Bemerkungen,

versteckt sich hinter erzwungenem Lächeln oder einem

müden; " Es geht schon."

Er klingt nicht nach Schrei,

eher nach einem verzweifelten Winseln,welches im

Hintergund verklingt und oft kommt er zu spät,

weil niemand bemerkt hat,wielange er schon da war.

Ich bin nicht mehr die,die ihr formen wollt

Ich hab`lange versucht,mich zu fügen,
mich klein zu machen,um zu genügen.
Eure Erwartungen -
schwer wie Stein,legt ihr auf Schultern,
die ab jetzt nicht mehr mein`.
Ich war ein Spiegel für euer Verlangen,
ein Abbild eurer Träume gefangen.

Ich bin kein Ton,
den ihr formen könnt,kein Puzzle,
welches sich zu eurem Bild zusammenfügt.

Ich bin das Meer,dass
eigene Wellen schlägt,ein Sturm -
der mich aus euren Ketten schlägt.
Nehmt mich so wie ich bin,
oder bleibt still -
denn das ist dann mein Gewinn.

Ich werd`nicht mehr um
Liebe flehen,
nur um wieder an mir selbst zu vergehen.

Ihr habt die Wahl und es liegt bei euch,
aber akzeptiert,dass ich ab jetzt nur noch mein
eigenes Leben erleucht`.

Ich zerbreche nicht

In mir stürmt es leise,
doch laut tobt die Flut -
die Worte versinken im tiefen,
endlosen Mut.
Schwere,die wie Schatten auf
meinen Schultern liegt.

Ein stummes Verlangen,
dass niemals versiegt.
Ich suche nach Ruhe -
doch finde nur die Nacht.

Ein Flüstern von Frieden,
dass nie ganz erwacht.
Gebrochene Wege,die keiner kennt -
Spuren von Sehnsucht die niemand nennt.

Doch irgendwo,verborgen,
dort glimmt ein Licht,
ein Funken von Hoffnung der sagt;

„Ich zerbreche nicht.“

Jury

Ein paar Stimmen in meinem Kopf,

sie flüstern im Takt eines alten Liedes.

Ein Schlag,ein Rythmus -

der mehrmals stoppt.

Die Wahrnehmung ist ein stiller Zeuge,

der die Schatten im Licht erkennt.

Ein Schuss ins Leere,

weil bluten tut´s schon lang´nicht mehr.

Welcher Gewinn liegt in der Stille?

Klar,das Pflegen alter Glaubenssätze,gefällt

mit dem Urteil der Unsichtbaren,niemals fragenden Jury,

die nur sagt,was falsch ist.

Doch fühlst du es auch?

Diese sanfte Erschütterung -

wenn Altes ersetzt werden muss,wie die Blätter,

die im Wind vergehen,damit Neues wachsen kann.

Kein Erwachen

Die Nacht liegt wie Blei auf den Rippen,
jede Bewegung zerspringt in Gedanken.

Gedanken,die sich wie Spinnenweben ziehen -
klebrig,unnachgiebig.
Kein Ruf dringt durch den Nebel,
kein Gesicht bleibt im Licht -
nur der Strudel,der an den Knöcheln
zerrt,
sanft und fast liebevoll
und flüstert: „bleib!"

Er erzählt von Ruhe,
von Stille ohne Morgen.
Von einem Schlaf,der nie endet,
weil es doch so viel leichter wär`,
nicht mehr aufzuwachen.

Wer würde es bemerken?
Die Welt dreht sich weiter,Menschen
lachen,Menschen streiten,Tage vergehen und
irgendwo wird einfach irgendwann
ein Name übersprungen
und ein Platz am Tisch bleibt eben leer.

Doch das Herz schlägt noch,
trotzig,widerständig.
Wie ein Feuer,
das sich niemals löschen lässt.

Kein Morgen mehr

Es ist ein Sumpf,der dich immer tiefer
nach unten zieht,
langsam aber unaufhaltsam -
Als würde man durch einen dichten
Nebel laufen,ohne einen Ausgang
zu sehen.

Ich höre nur diese Stimmen.
Sie sind leise,aber dennoch bleiben sie.

Und sie reden davon,wie schön es doch wär`,
wär`s endlich zu ende und das ich dann
ja nichts mehr fühlen müsste,
wenn ich es denn endlich so weit bringe.

Ich denke nicht an Morgen,
weil morgen nur ein weiteres „heute" ist.
Denke nicht an Andere,weil sie sowieso
viel zu unerreichbar sind.
Niemand wird`s vermissen,niemand je wirklich
verstehen.
Besser wär`s doch,
einfach zu verschwinden.

Irgendwann wird diese Lüge zur Wahrheit
und ich sehe kaum noch etwas anderes.
Alles verschwimmt,
bis nur noch dieser eine Gedanke bleibt.

Ich gehe sämtliche Szenarien durch,
als wären sie Drehbücher für ein Ende,
welches eigentlich schon längst geschrieben
wurde.
Immer schöner wird der Gedanke -
keinen Schmerz mehr fühlen zu müssen,
keine Angst,kein Fallen
und kein Aufstehen mehr.

Aber was,
wenn das nicht das ist,
was ich wirklich will?

Nein! -
„keine Zweifel! Denk nicht nach
und lass es einfach passieren."- flüstert die Stimme wieder.

Und ich bin so müde,
so müde,
dass ich nicht weiß,
ob ich nochmal kämpfen kann.

Müde

Ich bin müde von Menschen die keine mehr sind.

Müde von all´ den Fähnchen im Wind.

Und dann bin ich noch müde von giftigen Sätzen,die meine Seele

jedes Mal aufs Neue furchtbar verletzen.

Bin müde vom Druck und müde vom sollen,müde von Leuten,

die immer nur wollen.

Und dann bin ich noch müde vom steten erwarten -

die Menschheit scheint weiter in Wahn zu geraten.

Ich bin müde vom weinen und müde vom schreien,

müde vom Glauben,ich dürft mich nicht zeigen.

Und dann bin ich noch müde vom schimpfen und fluchen,

müde von all´den dreisten Erziehungsversuchen.

Ich bin müde von grausamer kühle,müde von allem,

was ich gerad´ fühle.

Müde von Worten die leer sind und falsch,

denn sie machten aus mir diese schwache Gestalt.

Ich bin müde von Menschen,die es nicht interessiert,

wenn man den Halt wieder einmal verliert.

Und dann bin ich noch müde von dieser Zeit,in der meine Seele

so furchtbar nach Wertschätzung schreit.

Ich bin müde von Lügnern und diesem System -

für mich hat die Menschheit ein riesen Problem.

Dann bin ich noch müde von Hass und Gewalt,

müde von Monstern in Menschengestalt.

Darum wünsch´ich mir heut´,die Welt mög´erwachen,

wünsche mir Menschen,die wirken und schaffen.

Wünsch´mir Menschen in ehrlicher Haut,

denen mein Herz ohne Zweifel vertraut.

Ich wünsche mir Erholung an dunklen Tagen,ich möchte geliebt sein

und nicht nur ertragen.

Ich will wieder strahlen,in glänzendem Licht -

denn müde vom Leben,

bin ich eigentlich noch nicht.

Offengelegt

Seit Jahren liegt alles offen.

Ich kenne den Grundriss meiner Brüche,weiß genau,

wann ich anfange zu zerbrechen.

Ich weiß was ich bin;

ein Katalog aus leisen Schreien,ein Archiv der Widersprüche -

und trotzdem halte ich das Gesicht,dass keine Fragen stellt.

Die Herausforderung dahinter:

die Kunst keine Last zu sein.

Und so falte ich meine Schatten,

lege sie wie Wäsche in Schubladen,stopfe Ängste in die Ecken meiner Seele,

vergrabe Schreie in Schweigen.

Doch die Ecken füllen sich mit Schatten und Schweigen -

wird schwer wie Blei.

Wie lange noch?

Ich kenne die Antwort nicht -

mur den Druck hinter der Stirn, der sich manchmal zu lösen droht.

Doch dann atme ich ein,lächel und schiebe erneut nach hinten.

Schon ok

Schon ok,

ich schaff´ das schon.

Nur manchml wäre es schön,

wenn es ein wenig leichter wär´,

wenn ich klarer sehen könnt´.

Mir zumindest mit der Richtung sicher wär´.

Und -

wenn ich meinen Weg mit jemandem teilen könnte,

zumindest an manchen Tagen.

Schwarz zieht schwarz an

Es beginnt nicht mit einem Schrei,
sondern mit einem Flüstern das sich in deine
Gedanken einnistet,als wäre es schon immer
da gewesen.
Ein Druck hinter der Stirn,ein leises Ziehen
in den Knochen.

Man nennt es auch Müdigkeit -
aber es ist so viel mehr als das.
Es ist der Drang nach Auflösung,
nach einem Ende.

Die Welt verschwimmt hinter Scheiben aus
Nebel,
Stimmen werden zu einem fremden Rauschen,
Menschen zu Silhouetten,die sich
bewegen aber nie ganz berühren.
Und dann noch diese Stimme,
die so vertraut ist,
dass ich nicht mehr deuten kann,ob sie von
Innen oder von Außen kommt.

Sie verspricht Ruhe,
Erlösung – ein sanftes Versinken.
Für einen Moment glaubt man ihr.
Für einen Moment nichts – außer Stille.

Doch irgendwo in der Ferne,hinter
all`dem Schmerz,
blitzt ein Licht auf.
Klein und unbedeutend -

aber es weigert sich zu erlöschen.

Seiltanz

Ich tanze auf Seilen,

gespannt zwischen gestern und morgen.

Ein taumelnder Schatten im Flimmern der Sorgen.

Die Füße berühren den Boden,

doch nie lang´ genug,um zu glauben,

dass hier irgendwo mal Heimat wuchs.

Ein Gleichgewicht,dass stets in sich bricht -

stabil auf den ersten Blick,doch innen brennt kein Licht.

Ich greife nach Stützen, aus Dosen und Glas,

brenne die Nerven,als wäre ich das.

Ein Schlucken,ein brennen,

indem alles vergeht,was mich noch erkennt.

Doch die Wellen,

sie kehren zurück und nehmen mir wieder

und wieder ein Stück.

Ich weiß,dass ich kämpfe,doch ich verliere den Krieg -

zerschlage den Körper und nenne es Sieg.

Ein Flüstern im dunkeln,

welches leise verspricht;

Vielleicht ist der Abgrund das bessere Licht.

Seltsam,nicht wahr?

Du kennst dich besser,
als jeder Andere,
aber zerbrichst bei den Worten
von Jemandem,
der noch nicht einmal eine Sekunde deines Lebens,
geschweige denn,
von seinem eigenen
Leben gelebt hat.

Konzentriere dich auf deine eigene
Stimme,
denn sie ist die Einzige,
die zählt.

Silvester

Ein Jahr vergeht,ein seltsamer Klang,

ein Schatten zieht durch Zeit und Raum.

Erinnerungen,tief und neblig,verweben sich

zu einem Traum.

Die Nächte dunkel,voller Fragen,

die tage schwer

und von Zweifeln schon fast blind.

Wir tragen Lasten,alte Plagen,

die kaum sind in Worte zu fassen.

Doch zwischen Tränen wächst verstehen,

in Wunden blüht Erkenntnis still.

Und wenn wir durch die Schatten gehen,formt sich ein neuer Funken.

Die Dunkelheit erzählz Geschichten von Schmerz,

der uns zu Boden zwingt.

Doch selbst die Sterne,die erlöschen,

lehren uns,wie Licht beginnt.

So stehen wir hier,im Übergang -

vom Alten hin zum Morgenrot.

Ein Jahr vergeht,ein neuer Klang und Hoffnung

bricht aus,aus der Not.

Möge das Licht uns sanft leiten,

auf Wegen,die niemand kennt.

Möge die Zeit uns heilen,leiten und Frieden sein,

der neu beginnt.

Suche nach Untergang

Ich kenne nur Extreme.
Stillstand ist der wahre Tod,also renne ich -
durch Feuer,durch Klingen,durch alles,
was schneidet.
Alles,was schreit,was lebt.
Habe mich an das Reißen gewöhnt,
an das Aufplatzen,an das Brennen.
Es ist nicht schön,aber es ist echt.
Es ist nicht gut,aber es ist da.

Ich will nichts Halbes,nichts lauwarmes.
Ich will Zerstörung oder Ekstase -
Blut oder Sternenstaub.
Aber niemals dieses matte Zwielicht,
niemals dieses Nichts.
Ich habe zu oft gekämpft,zu oft gehofft,
zu oft geglaubt,dass es leichter wird.
Aber leichter ist nur der Fall und ich bin
längst zu müde für den Aufprall.

Also lasse ich los,lasse mich
treiben in Wellen aus Rauch,lasse
mich sinken in Arme aus Schatten -
weil mich nur das auffängt,
was mich verschlingt!

Trotzdem

Sie sagten mir leise -
und doch viel zu laut;
dass Hoffnung stirbt,
wenn man ihr nicht glaubt.

Ich lernte zu schweigen,
zu sinken,
zu fliehen -
zu glauben mein Platz sei`
im Nichts -
nicht im Sinn.

Die Schatten erzählten mir Märchen
von Schuld,von Fehlern,von
Schwächen,
von fehlender Geduld.

Und langsam und ganz leise verlor`
ich mein Licht,
glaubte den Stimmen,
ich zählte nicht.

Doch manchmal,da spüre ich den
Funken in mir,
ein flimmern von Wärme -
ein „trotzdem" in mir.
Es schreit nicht,
es singt nicht,

doch es bleibt bestehen.
Ein Teil,der sich weigert,
ganz unterzugehen.

Ich sehe den Morgen,
ein Versprechen von Leben-
zerbrechlich und klar.

Und auch wenn die Stimmen mich zerren,
mich zwingen -
werde ich lernen zu heilen
und zu singen.

Übergang

Die Gedanken rasen,
drehen sich,verheddern -
wie lose Fäden,die in der Dunkelheit hängen.
Und in mir -
ein Sturm,leise aber ohrenbetäubend.

Eine Welle von Schmerz,die sich in
die Ecken meines schon so oft gebrochenen
Herzens verliert.
Ich würd`so gern`weinen,
aber die Tränen bleiben stumm,
gefangen in einer Erinnerung an die Angst,
die noch schwerer ist,als die Erleichterung
des Loslassens.
Angst,die Dunkelheit zu durchbrechen,
Angst -
die Worte zu finden,die den Lärm stoppen.

Der Abend zieht sich hin,wie jedes Mal,
wenn die Schatten wieder nicht weichen wollen.
Leg` mich nieder,
doch Schlaf ist ein fremder Ort,verblasst,
entglitten -
wie ein Versprechen,welches man nicht einlösen
darf.

Meine Seele schreit leise,doch der
Körper bleibt stumm.
In der Stille der Nacht finde ich keinen Raum

für die Tränen,
die mich überfluten wollen,
weil ich sie fürchte.
Ich fürchte,dass sie mich zerbrechen,
mich wieder zu weit in den Abgrund ziehen.

Aber vielleicht ist es der Abgrund,
der mich in den Armen halten könnte,
der mich mit offenen Augen,
wieder neu gebären könnte.

Zwischenwelten

Inmitten von gestern und morgen
gefangen,
schwebt mein Herz auf zerbrechlichen
Wangen.
Ein sehnen nach Ruhe,
ein Zittern im Inneren.
Der Atem – ein Flüstern,
schreit nach Freiheit.
Die Hoffnung malt Bilder
so zart und hell -
doch ein Schatten streift mein Angesicht.

Ein Funkeln,ein Blitz,
ein Fluch,
ein Gebet,
wie lange bleibt das Gute?
Wann ist es zu spät?

Das „Jetzt" ist ein Lächeln auf dünnem Eis.
Ein Tänzer auf dem schmelzenden Eis -
streift meine Seele,verwirrt und vertraut,
als wüsste es mehr,
als mein Herz sich erlaubt.

Ich frage „Warum"?
Die Stille erwacht,
lacht leise und hält mich im Dunkeln.
Doch irgendwann,
kommt tief aus meinem Inneren ein flimmerndes
Sein;

es flüstert: „ Du darfst
und du bist nicht allein!“

Verbrannte Erde

Ich habe mich daran gewöhnt -
an das Brennen unter der Haut,
an das Klirren hinter der Stirn,
an den metallischen Geschmack von zu viel Gefühl.
Ich habe mich daran gewöhnt,an das zucken der Nerven,
wenn Schmerz sich anfühlt,wie dein
Zuhause.

An die Leere,die immer dann kommt,
wenn es nicht mehr genug wehtut.
An die Ruhe,die mich nur dann findet,wenn ich aufhöre zu
atmen.

Ich habe mich daran gewöhnt -
an das Fallen ohne Aufprall,an die Schwere,die süßer ist als
Hoffnung.
An die Dunkelheit,die mich umarmt,wenn es niemand sonst
tut.

Ich bin müde vom kämpfen,zu müde,um Flammen zu
ersticken,
die eigentlich
längst mein zu Hause sind.
Zu müde,um mich an etwas zu klammern,dass nicht brennt.
Ich lasse mich treiben,ohne Richtung,ohne Widerstand,weil
jeder Kampf mich
mehr auffrisst -
weil jeder Versuch mich weiter zerschneidet und es
einfacher ist,zu verschwinden,

Stück für Stück -
bis nichts mehr übrig ist.

Vielleicht Liebe

Öfter erwische ich mich dabei,
wie ich uns betrachte -
als Tagtraum,
wie ein Bild,dass noch nicht fertig ist.
Die Linien verschwimmen,
die Farben sind da,nur wissen
sie noch nicht genau,wohin sie wollen.

Manchmal frage ich mich,
ob du die gleiche Unruhe spürst -
dieses leise „knistern" zwischen uns,
zwischen dem was ist -
und dem,was vielleicht noch sein könnte.

Kein Sturm,kein Feuer -
sondern ein zarter Wind der Fragen stellt -
aber ohne direkt klare Antworten zu verlangen.

Ich mag was wir haben -
so unklar und roh,so echt in seiner Unsicherheit.

Doch dann frage ich mich:
ob ich zu viel sehe,
in deinen Blicken,deinen Worten
und ich nur gerade dabei bin,
mir ein Bild zu malen,
dass du nie so gemeint hast.

Was ist

Was ist,wenn ich einfach jemand bin,

der gar nicht weiß,wer er ist?

Jemand,der nicht zu jedem Thema eine Meinung hat,

sondern seine Meinung ständig ändert.

Vor allem aber jemand,

der genug davon hat,

sich zu fragen,

Wer er eigentlich ist.

Zwischen Kerzen und Schatten

(Ein Weihnachtsgedicht)

Das Jahr brennt aus,

flackert leise am Rand,wie Kerzen,die tropfen,

auf zittriger Hand.

Ein Lächeln das bricht,doch niemand erkennt,

wie sehr man im Inneren nach Frieden begehrt.

Die Sterne versprechen,es wird irgendwann,

ein Morgen geben,dass man greifen kann.

Doch heute verhüllt sich die Hoffnung in Rauch -

der aus kalten Kaminen zum Himmel steigt auf.

Man deckt die Tische,man schmückt das Gesicht und hofft,

dass das Funkeln die Leere nicht bricht.

Geschenke als Pflaster für Wunden aus Glas -

die splittern,wenn man zu fest daran fasst.

Doch vielleicht reicht ein Flüstern,

ein heimlicher Blick,ein Wort,dass zerbricht -

und dann wieder entzückt.

Denn vielleicht ist der Frieden nur nah´,

wenn man sieht,dass auch Schatten im Kerzenlicht

tanzen und glüh´n.

56 / 64

Wer kann ich sein?

Innerlich treibt mich so viel rum,
doch äußerlich bleib ich einfach stumm.
Innerlich tobt die Rebellion -
innerlich bin ich schon immer vor Konflikten gefloh`n.
Innerlich bleib` ich leer -
und Äußerlich will ich nicht mehr.

Innerlich verspür`ich wenig Freude,
äußerlich lach` ich mit diversen
Leuten.

Innerlich geh`ich auf Konfrontation -
doch äußerlich sieht man mich
auf keiner Demonstration.

Innerlich bewegt mich so viel
und Äußerlich bleib`ich einfach still.

Sag es mir;
Wer kann ich sein?
Viel unter Menschen und doch so allein`.

Wiederfinden

Wer war ich,als ich mich selbst nicht kannte?
Ein Echo fremder Stimmen,
geformt von Händen,die nie fragten,
ob ich so sein wollte.

Bin an Orten gewachsen,
an denen meine Schatten fremd waren -
mein Name nur ein Klang,
ein unbekanntes Lied,
welches nie jemand für mich singen wollte.

Dann kam das Sehen,
schleichend,unbequemer als die Lügen,
die mich bisher immer warm hielten.
Ich hab` Türen in mir geöffnet und fand
Fragmente,die zu mir gehörten -
aber vielmehr von denen,
die ich in mir habe,weil man es von mir
verlangt hatte.

Doch wer bin ich wirklich wenn die Masken fallen?
Bin ich die,die sich anpasst,
oder die -
die endlich stehen bleibt,
wenn der Wind wieder versucht mich zu Boden zu bringen?

Ich setze Grenzen und der Widerstand flüstert:
„Du hast dich verändert.“

Nein! -
Ich bin zurückgekehrt,zu mir.

Doch in welchen Augen spiegelt sich mein
wahres Gesicht?
In dessen von denen,die mich kannten,
oder dessen der,die mich jetzt erst sehen?

Es ist ein stiller Kampf,dieses Wiederfinden.
Ein taumelnder Tanz zwischen dem,was war
und dem,
was sein darf.

Zu viel oder genug?

Ich trete dir entgegen,
doch meine Schritte bleiben still -
als ob mein Herz stolpern würde.

Du bist ein Sturm,
der mich mit seiner sanften Brise trifft.
Und doch -
so sehr ich mich öffnen will,
zieht mich die Angst zurück.

In mir,
ein Ozean,gefüllt mit Wellen,
die ich nicht teilen kann,
weil ich fürchte,dass
ihre Tiefe dich zum ertrinken bringt.
Ich habe so viel zu geben,
doch die Worte bleiben stumm -
als hätte ich Angst,dass mein
„zu viel" dein „genug" überrennt.

Vielleicht sind meine Mauern kein Schutz vor dir,
sondern vor mir selbst!

Zuhause

Vier Wände,ein Dach

und doch sitz´ich hier wach.

Ein Ort namens "Zuhause",doch gönnt

mir keine Pause.

Nacht für Nacht lieg´ich hier wach

und höre immer wieder denselben Krach.

Worte,die sich in mein Gedächtnis brennen.

Auch jetzt lieg´ ich hier in dem Ort "Zuhause",

voller Gedanken ohne Pause,

voller Frust in einem Raum.

Dieser ort wird niemals mein Zuhause.

Vier Wände,ein Dach

und nichts weiter als Krach.

Ein Ort voller Leere,

zu dem ich letzendlich immer wieder zurückkehre.

Zwischen Stimmen und Stille

Gedanken drängen,
ein ungebetener Chor,ein Rauschen,
welches nie die richtigen Worte findet.
Und ich stehe dazwischen,mitten im Lärm`-

bin aber weder Teil davon,noch weit genug
entfernt,um Ruhe zu atmen.
Alleinsein schreit laut -
ein Schatten,den ich wegblinzle,
weil Nähe zu laut ist,zu viel
verlangt und doch hält der Abstand
die Wunden offen.
Ich taste nach den richtigen Sätzen,
doch meine Stimme zittert,
als würde sie selbst nicht glauben
können,dass Worte reichen.

Wie soll ich reden,wenn jedes Wort
so viel Gewicht hat,das
ich es selbst nicht tragen kann?
Wie soll ich handeln,wenn jeder Schritt
ein Echo wirft,
welches immer wieder zu mir zurückkehrt?

Zwischen Stimmen und Stille
verliere ich mich -
in dem Versuch,alles
und nichts gleichzeitig zu sein.

Zwischen uns

Zwischen uns liegt etwas,
das keiner benennt.
Ein Schweigen,dass spricht
aber niemand erkennt.
Es riecht nach vermissen,
nach Sehnsucht -

Wir sind sehenswürdig,
so nenn`ich es leise.
Ein Wort,das beschreibt,
was ich nie wirklich sage.
Denn wir tragen die Blicke,
die sich verlieren -
wie Schatten von Sätzen,
zu stumm für den Traum.

Und je mehr wir verschweigen,
desto lauter das Fehlen,
desto stärker die Fäden,
die uns heimlich wählen.

Doch was wär`,
wenn wir`s ließen?
Die Blockaden,die Kontrolle -
uns entkleiden von Zweifeln,
von der Angst,die uns spalt`?

Vielleicht wird's fließen,
vielleicht wird's brennen -
aber schlimmer als Stille ist`s,
nichts zu erkennen.

Inhaltsverzeichnis

*Manchmal beginnt die größte Reise
im Dunkelsten -
dort wo die Stille schreit und die
Schatten wachsen.*

*Dieses Buch ist eine Einladung,
das Gleichgewicht zwischen Licht
und Schatten zu finden,
in der Dunkelheit Wurzeln
zu schlagen und im Licht
zu erblühen.
Es erzählt von Heilung,
Akzeptanz und dem Mut,
das Unvollkommene in sich
selbst zu umarmen.
Eine Geschichte über das wachsen
in der Tiefe und das finden des Lichts -
welches schon immer da war,Inmitten
von Uns,
zwischen hell und dunkel.*